CLÉMENCE
ET
WALDÉMAR,
OU
LE PEINTRE PAR AMOUR,

DRAME EN TROIS ACTES, EN PROSE,

Représenté avec succès, à Paris, le 21 brumaire an 10.

Par M. PELLETIER-VOLMÉRANGES.

La vérité m'a fourni le sujet, et le sentiment a guidé mes pinceaux.
ACTE Ier., scène X.

A PARIS,

Chez BARBA, libraire, palais du Tribunat, galerie derrière le Théâtre-Français, N°. 51.

AN XI. — 1803.

A MONSIEUR

LE PRINCE JOSEPH JABLONOROSKI.

Prince,

Ce n'est point à la grandeur que je dédie cet ouvrage ; c'est à l'ami des arts, au protecteur des talens ; c'est à vous, Prince, qui les possédez tous, et qui m'avez honoré de vos bontés et de votre bienveillance.

Dans nos lectures et dans nos entretiens j'ai souvent admiré votre science et votre érudition : les langues étrangères, les belles-lettres, la musique, la sculpture, les connaissances approfondies de l'antique, tels sont les titres qui vous mettent au rang des hommes supérieurs. La pureté de vos mœurs, la noblesse de vos sentimens, votre affabilité vous font révérer par tous ceux qui ont le bonheur de vous connaitre, et vous gagnent tous les cœurs.

Recevez donc, Prince, l'hommage de cette faible production : le public a daigné l'accueillir; imitez son indulgence. Pour moi je serai trop heureux si, quand vous serez de retour dans votre patrie, elle peut me rappeler quelquefois à votre souvenir, et vous persuader que mon attachement et ma reconnaissance ne finiront qu'avec ma vie.

J'ai l'honneur d'être, avec le plus profond respect,

PRINCE,

Votre très-humble, très-obéissant
et tout dévoué serviteur.

Pelletier-Volméranges.

PERSONNAGES ET LEURS COSTUMES.

M. DE MERFORT, ancien officier attaché au service de la Compagnie des Indes. Habit bleu croisé, semblable à ceux de nos généraux; doublure, revers et veste rouges, le tout galonné en or; culotte bleue et bas blancs; perruque blanche, les cheveux de derrière flottans et noués avec une rosette de ruban noir. Au troisième acte le chapeau sous le bras, et l'épée au côté.

WALDÉMAR, (1) sous le nom de VOLNEY, époux de Clémence. Frac de drap noir, gilet de bazin, culotte de casimir jaune, bas blancs, et une coiffure poudrée.

CLÉMENCE, épouse de Waldémar, et fille de monsieur et de madame de Merfort. Robe de mousseline blanche, ceinture de ruban ponceau, coiffure en cheveux.

Mlle. BERTHE, femme de charge dans le château: elle est âgée de 50 ans, curieuse et bavarde. Une robe de soie à l'antique, un tablier de taffetas noir, un grand bonnet monté, un toupet lisse poudré à blanc.

SIMON, vieux valet-de-chambre, et ami de M. de Merfort: son âge est de 60 ans. Habit gris foncé, doublure et veste vertes, boutons et boutonnières en argent tout au long de la veste et de l'habit; la culotte pareille à l'habit, et les bas gris roulés sur les genoux; sa perruque est un bonnet bien peigné.

URBAIN, fils de Clémence: il est âgé de six ans. Un petit matelot de nankin jaune foncé, collet, paremens, revers et ceinture de taffetas bleu de ciel, une chemisette qui fait collerette, garnie en dentelle.

ÉLOI, domestique. Habit rouge, veste, culotte, paremens, collet jaunes, galonnés en argent.

La scène se passe dans le château de M. de Merfort, à dix lieues de Paris.

---

(1) Quoique l'on écrive Waldémar, on prononcera Valdémar.

CLÉMENCE
ET
WALDÉMAR,
DRAME.

ACTE PREMIER.

Le théâtre représente un salon magnifique : à la droite de l'acteur est une porte de cabinet ; du même côté une table, sur laquelle est une sonnette.

SCÈNE PREMIÈRE.
Mlle. BERTHE, ELOI.

Mlle. BERTHE, *d'un air important.*

Le vieux Simon arrivera sûrement aujourd'hui : que tout soit en ordre ici.

ELOI.

Oui, mademoiselle.

Mlle. BERTHE.

Il y est difficile ; prenez-y garde.

ELOI.

Il est bon, et ce n'est pas lui qui tracasse le plus les gens de monsieur de Merfort.

Mlle. BERTHE, *rapidement.*

Vous croyez cela? Hé bien, vous êtes dans l'erreur. Quand quelque chose va mal, c'est à moi qu'il s'en prend, c'est sur moi que tombe sa mauvaise humeur. (*Elle contrefait Simon.*) « Mademoiselle Berthe est femme de charge; mademoiselle « Berthe doit veiller à tout: mademoiselle Berthe ne fait « rien. » (*Elle reprend son premier ton.*) Et mille autres raisons que je suis obligée d'entendre de ce valet-de-chambre, qui est plus maître ici que monsieur; (car il a une confiance aveugle en lui) et ce malicieux vieillard s'en sert pour chicaner tout le monde. — Oh! patience, patience; je l'observe, et si je puis le prendre en défaut il verra que mademoiselle Berthe n'est pas femme à souffrir tranquillement les propos et les remontrances d'un homme de son espèce.

ELOI.

Savez-vous ce qu'il est allé faire à Paris?

Mlle. BERTHE.

Monsieur l'a envoyé chercher un peintre.

ELOI.

Pourquoi?

Mlle. BERTHE, *vivement.*

Que sais-je. — Il est si inconstant dans ses projets et dans ses goûts! Ce qui lui plaît aujourd'hui lui déplaît demain: il fait faire, défaire, raccommoder; il est indéfinissable: brusque, doux, sensible, impétueux, il change de caractère vingt fois par jour. (*Elle s'approche, et dit tout bas.*) On voit qu'il a besoin d'occupation pour dissiper un fonds de mélancolie dont rien ne peut le distraire.

ELOI.

D'où peut provenir sa tristesse?

Mlle. BERTHE.

Je présume qu'elle vient du regret d'avoir perdu sa fille.

ELOI.

Il a perdu sa fille!..... Et comment?

Mlle. BERTHE, *d'un ton grave.*

Écoutez..... je vais vous conter cela; (*Vite.*) mais vous n'en parlerez pas au moins, car je ne voudrais pas passer pour une babillarde.

ELOI.

Vous connaissez ma discrétion.

Mlle. BERTHE.

J'y compte. (*D'un ton lent et mystérieux*) Vous savez que monsieur de Merfort était officier de la Compagnie des Indes : hé bien, pendant son dernier voyage, sa fille s'est mariée sans son consentement. Son mari, jeune lieutenant, (dans je ne sais quel régiment) l'a emmenée en pays étranger, où l'on dit que les chagrins et la misère ont terminé ses jours.

ELOI.

Apparteniez-vous alors à mademoiselle ?

Mlle. BERTHE, *avec fierté et pédantisme.*

Non, monsieur, non; je ne la connais pas : si j'eusse été sa gouvernante, elle serait encore dans la maison de son père.

ELOI.

Ce que vous m'avez appris me fait de la peine ; car monsieur est le meilleur des maîtres.

Mlle. BERTHE.

J'en conviens.

ELOI.

Depuis quelque tems il vit dans la solitude, et ses amis le négligent.

Mlle. BERTHE.

Je n'en suis point étonnée : monsieur est confiant, il conte ses malheurs au premier venu qui veut les entendre; cela n'amuse pas : on a l'air de le plaindre ; mais on s'ennuie, et on l'abandonne.

ELOI.

C'est abominable.

Mlle. BERTHE.

Allez mettre tout en état : soutenons-nous contre le bourru de Simon, et fermons-lui la bouche en faisant toujours bien.

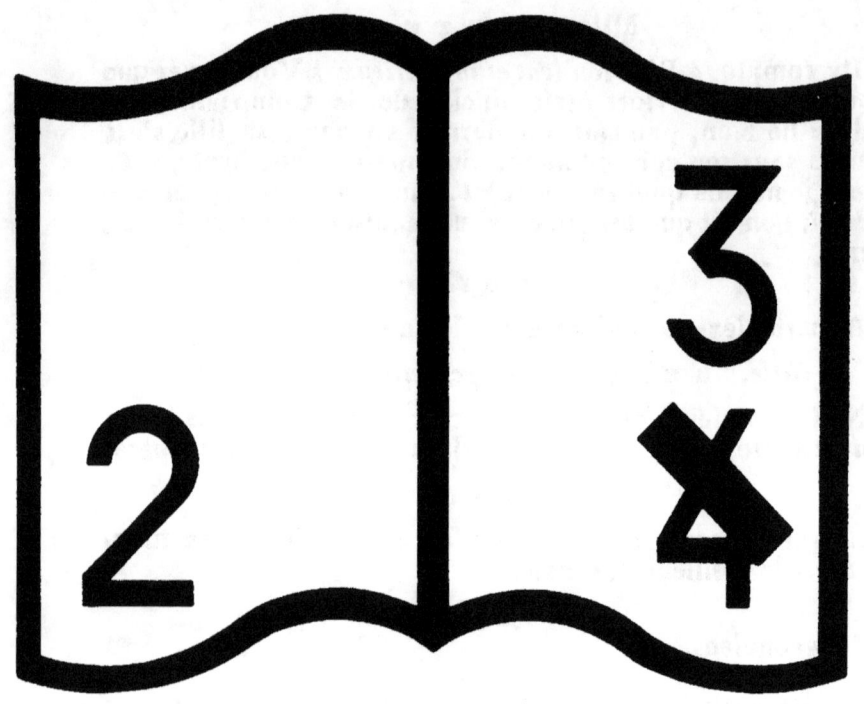

Pagination incorrecte — date incorrecte

NF Z 43-120-12

ELOI.

Mes camarades et moi nous allons redoubler de zèle, et quand il reviendra il n'aura rien à dire.

Mlle. BERTHE, *avec une joie grave.*

C'est cela!.... c'est cela! *(Eloi sort.)*

SCÈNE II.

Mlle. BERTHE, *seule.*

Attention, mademoiselle Berthe ; attention.... réfléchissez sur la manière dont vous devez vous conduire envers M. de Merfort. *(Elle pense un moment.)* M'y voici. — Il me faut agir politiquement ; gagner son estime, surveiller ses gens, me rendre utile dans sa maison, au point qu'il ne puisse se passer de moi. Par ce moyen, je resterai toujours avec lui, et je ferai comme Simon, je m'enrichirai de ses bienfaits...., Supérieurement calculé ! — Il est à son aise ce Simon..... Son maitre lui a fait présent d'une métairie.... J'en aurai peut-être une aussi... Hem ! hem ! c'est possible. — Monsieur m'a dit qu'il me ferait une pension ; mais il ne m'en reparle plus ; il l'a sans doute oublié. Je vais le lui rappeler : il est tems, bien tems qu'il se décide. Il n'est plus jeune : marin dès son enfance, il a beaucoup fatigué ; d'un moment à l'autre il pourrait me jouer le tour de me quitter sans penser à moi, et j'en serais la dupe : c'est ce qu'il faut prévoir. *(M. de Merfort ouvre la porte du fond.)* Le voici.

SCÈNE III.

Mlle. BERTHE, M. DE MERFORT.

M. DE MERFORT, *d'un ton sombre et un peu brusque.*

Mademoiselle Berthe, Simon est-il revenu ?

Mlle. BERTHE, *avec une politesse affectée.*

Non, monsieur, pas encore.

M. DE MERFORT.

Qui peut donc le retenir ? il sait que sa présence m'est nécessaire.

M. DE MERFORT.

Eh non.

Mlle. BERTHE, *du même ton.*

C'est que je crains que Simon ne vous ait parlé à mon désavantage.

M. DE MERFORT, *surpris.*

Lui !

Mlle. BERTHE, *continuant.*

Et qu'il n'ait détourné monsieur de me faire la petite rente qu'il m'a promise.

M. DE MERFORT.

Il ne m'a rien dit. Si je dois faire quelque chose pour vous je ne l'oublierai pas.

Mlle. BERTHE.

Vous êtes un homme juste.

M. DE MERFORT, *d'un ton ferme.*

Et vous soyez plus circonspecte. Souvenez-vous qu'il y a trente ans que Simon est à mon service, et qu'il est mon ami : retenez bien ces mots, et sortez.

Mlle. BERTHE.

Oui, monsieur. (*Elle fait une révérence, remonte la scène, se retourne, et dit à mi-voix, en traînant ses mots :*) J'aurai ma rente.

SCÈNE IV.

M. DE MERFORT, *seul.*

Point de lettres !.... Toutes mes recherches sont inutiles, et je ne pourrai voir la fin de mes tourmens ! Malheureux père ! je n'ai qu'un enfant, et j'en suis abandonné ! Perfide Clémence ! je punirai ton ingratitude et ton insensibilité. Tu m'as ravi ton cœur ; je t'ai chassée du mien ; je te priverai de ma fortune, et je trouverai ton séducteur, dussé-je l'aller chercher au bout de l'Univers. — On vient : remettons-nous, et ne laissons rien paraître. (*Simon entre.*) Eh !...... c'est Simon.

SCÈNE V.

M. DE MERFORT, SIMON.

SIMON, *gaîment.*

Bonjour, mon cher maître: me voilà revenu.

M. DE MERFORT, *ayant perdu sa tristesse. Il prend la main de Simon.*

En parfaite santé?

SIMON.

Je ne me suis jamais mieux porté. Et vous?

M. DE MERFORT.

Je suis bien. La fatigue de ton voyage.....

SIMON.

Ne m'a rien fait. Pour vous servir le zèle me tient lieu de force.

M. DE MERFORT.

As-tu fait ma commission?

SIMON.

J'ai trouvé ce qu'il vous faut.

M. DE MERFORT.

Le peintre....

SIMON.

Est arrivé.

M. DE MERFORT.

Tu as bien tardé, mon ami.

SIMON.

C'est que je voulais bien choisir.

M. DE MERFORT.

Qui m'amènes-tu?

SIMON.

Un jeune homme dont l'amabilité vous conviendra.

M. DE MERFORT.

Quelles sont ses mœurs?

Mlle. BERTHE.

Je crois que monsieur ne s'est pas aperçu de son absence; nos soins......

M. DE MERFORT, *sèchement*.

Ne valent pas les siens.

Mlle. BERTHE.

C'est une prévention; car je vous assure....

M. DE MERFORT.

Plaît-il ?

Mlle. BERTHE, *changeant la conversation*.

Monsieur vient du parc ?

M. DE MERFORT.

Oui.

Mlle. BERTHE.

Il me paraît que les travaux n'avancent guère.

M. DE MERFORT.

Mais je n'en suis pas mécontent.

Mlle. BERTHE.

Votre économe emploie un tas de fainéants qui n'en prennent qu'à leur aise.

M. DE MERFORT, *durement*.

Oh çà! vous faites-vous un plaisir de ne rien trouver de bien ?

Mlle. BERTHE.

Je dois prendre les intérêts de monsieur.

M. DE MERFORT.

Sans nuire à ceux des autres.

Mlle. BERTHE.

C'est que je vois des choses !...

M. DE MERFORT.

Que je veux ignorer.

Mlle. BERTHE.

Qu'il faudrait que vous sussiez. En conscience, je suis forcée de vous prévenir que vos ouvriers travaillent peu, et qu'ils gagnent beaucoup.

M. DE MERFORT.

Mais je ne vois pas cela.

Mlle. BERTHE.

Je le vois, moi : tout va d'une lenteur!... On se repose... ah !

M. DE MERFORT.

Il faut bien se reposer quand on est fatigué.

Mlle. BERTHE.

On ne se fatigue point.

M. DE MERFORT, *d'un ton d'autorité.*

Je le veux ainsi.

Mlle. BERTHE.

Cependant....

M. DE MERFORT.

Je hais les flatteurs, je vous en avertis.

Mlle. BERTHE, *un peu confuse.*

Monsieur....

M. DE MERFORT.

C'en est assez : faites votre besogne ; c'est tout ce que j'exige de vous. Mes lettres sont-elles arrivées ?

Mlle. BERTHE.

Je n'ai pas vu le facteur.

M. DE MERFORT, *à part.*

C'est inconcevable ! (*Haut.*) Envoyez à la poste : s'il y a quelques paquets à mon adresse, lorsqu'on vous les aura remis, vous me les apporterez de suite.

Mlle. BERTHE, *faisant l'agréable, et parlant très-vite.*

Monsieur sait que je fais mon devoir exactement : depuis que je suis dans sa maison, certainement il n'a jamais eu de reproche à me faire. Hé bien ! j'ai toujours été comme cela, et j'ose dire que mes certificats....

M. DE MERFORT.

Si vous parliez un peu moins, vous seriez un assez bon sujet.

Mlle. BERTHE.

Si trop parler est un défaut, on peut s'en corriger.

M. DE MERFORT.

Allez, et n'accusez plus personne.

Mlle. BERTHE *fait quelques pas pour sortir ; elle revient et dit d'un ton patelin.*

Monsieur n'est pas fâché ?

M. DE MERFORT.

Je suis prêt à le recevoir. D'après l'éloge que tu m'en fais, je serai charmé de le connaitre.

SIMON, *changeant la conversation.*

Comment vous êtes-vous amusé pendant mon absence ?

M. DE MERFORT, *reprenant sa tristesse.*

Amusé !... J'ai trainé mon ennui partout.

SIMON, *se redressant.*

Aurait-on manqué d'égards pour vous ?... vos gens...

M. DE MERFORT.

Je n'ai point à m'en plaindre.

SIMON.

Bon cela !

M. DE MERFORT, *douloureusement.*

Mais une fille coupable !... mais des souvenirs cruels !...

SIMON.

Bannissez-les de votre mémoire.

M. DE MERFORT.

Il faudrait les arracher de mon cœur.

SIMON.

Il est un terme à tout. Vous fûtes offensé... mais si j'étais à votre place, le chagrin ne resterait pas long-tems avec moi.

M. DE MERFORT, *vivement.*

Comment ferais-tu ?

SIMON.

Je pardonnerais.

M. DE MERFORT.

Je ne peux suivre ton conseil.

SIMON.

Tôt ou tard vous le suivrez.

M. DE MERFORT.

Non ; il est des outrages qui ne méritent ni l'indulgence ni le pardon.

SIMON.

Ainsi, pour vous venger, vous ferez votre malheur.

M. DE MERFORT.

Que dis-tu ?

SIMON.

La vérité. Croyez-moi, vous avez besoin de pardonner.

M. DE MERFORT, *avec force.*

Fille ingrate et dénaturée !

SIMON.

Elle vous aime, et n'aspire peut-être qu'à se réconcilier avec vous.

M. DE MERFORT, *ému.*

Tu le crois ?... Qu'est-elle devenue ?... (*Avec colère*). Eh ! que m'importe ?... Je ne veux jamais la revoir... ma haine...

SIMON, *l'interrompant.*

Un père haïr son enfant !... cela n'est pas possible.

M. DE MERFORT.

Cela est.

SIMON.

Vous n'avez pas une ame féroce.... Ah ! si elle revenait.... (*M. de Merfort fait quelques pas pour sortir.*) Vous sortez?

M. DE MERFORT, *en se retournant.*

Quand le peintre sera arrivé, tu me le présenteras.

SIMON.

Oui, mon cher maître.

M. DE MERFORT *affectueusement en lui prenant la main.*

Rafraichis-toi.... va te reposer..... et conserve-toi pour ton ami..... Ton ami, mon cher Simon !

(*Simon lui baise la main, et il sort.*)

SCÈNE VI.

SIMON, *seul, avec sentiment.*

Oui, mon ami..... mon bienfaiteur, et pour lequel je donnerais ma vie !..... Il connaîtra l'amitié de son fidèle serviteur, et je ferai son bonheur malgré lui.

SIMON.

Bonnes.

M. DE MERFORT.

Et ses talens?

SIMON.

Sublimes!

M. DE MERFORT.

Comment le sais-tu?

SIMON.

J'ai vu un grand tableau qu'il venait d'acheter; la composition m'en a paru savante, ingénieuse, attendrissante.

M. DE MERFORT.

Il est donc bien beau?

SIMON, *avec enthousiasme*.

Superbe!... Il m'a fait verser des larmes.

M. DE MERFORT.

Est-ce un sujet d'histoire?

SIMON.

Oui... et d'une histoire fort touchante!... vous en jugerez.

M. DE MERFORT.

Il l'a donc apporté?

SIMON.

Assurément. Je lui ai dit que vous étiez connaisseur, et son dessein est de vous en faire hommage.

M. DE MERFORT.

Nous verrons. D'après mon plan, as-tu fait prix avec lui?

SIMON.

Oui, monsieur.

M. DE MERFORT.

Combien lui donnerai-je?

SIMON.

Tout ce qu'il m'a demandé.

M. DE MERFORT, *surpris*.

Tout!

SIMON.

Tout. Un homme comme vous n'est pas fait pour marchander les talens.

M. DE MERPORT.

Tu as raison; je dois payer les siens.

SIMON.

Il en a beaucoup; et...

M. DE MERPORT.

Tu ne m'as pas dit son nom.

SIMON, *gravement.*

Vous verrez ses ouvrages.

M. DE MERPORT.

Comment s'appelle-t-il enfin?

SIMON.

Volney.

M. DE MERPORT.

Il n'est point sur la liste de nos habiles peintres.

SIMON.

Qu'importe?

M. DE MERPORT.

Mais tous les gens de mérite sont connus par leur réputation.

SIMON.

Pas toujours, monsieur : la Renommée est capricieuse, et ne publie que les noms de ses favoris.

M. DE MERPORT.

Cela n'est que trop vrai.

SIMON.

Volney parviendra ; un succès éclatant le tirera bientôt de son obscurité.

M. DE MERPORT.

Tu es bien prévenu en sa faveur.

SIMON.

Lorsque vous l'aurez vu vous le serez autant que moi.

M. DE MERPORT.

Quand viendra-t-il?

SIMON.

Dans un moment. Je l'ai laissé dans une auberge du bourg pour s'ajuster un peu, et paraître décemment devant monsieur.

SCÈNE VII.

SIMON, Mlle. BERTHE.

Mlle. BERTHE, *d'un ton mignard.*

Vous voilà de retour, monsieur Simon.

SIMON, *d'un ton dur, laconique, et restant en place sans la regarder.*

Oui.

Mlle. BERTHE.

L'économe vous a vu passer, et m'a prié de vous dire d'aller chez lui.

SIMON.

J'irai.

Mlle. BERTHE.

Nous vous attendions avec impatience.

SIMON, *ironiquement.*

J'en suis persuadé.

Mlle BERTHE.

Vous êtes resté long-tems à Paris.

SIMON.

Tant que j'ai eu affaire.

Mlle. BERTHE.

Depuis votre départ nous avons eu bien soin de monsieur.

SIMON.

Vous avez fait votre devoir.

Mlle. BERTHE.

Le peintre que vous avez amené est-il bon?

SIMON.

Vous n'avez pas assez de connaissance pour en décider.

Mlle. BERTHE.

Peut-être. Dans quel endroit faudra-t-il le mettre?

SIMON.

Cela ne doit pas vous embarrasser.

Mlle. BERTHE, *piquée.*

C'est-à-dire que vous me regardez comme....

SIMON *d'un ton fort et sec.*

Nulle. (*Il tourne le dos, et s'en va lentement.*)

Mlle. BERTHE.

(*Elle se ravise, et court après Simon.*)

Monsieur Simon n'a pas autre chose à me dire ?

SIMON *s'arrête, la regarde, et dit après avoir réfléchi :*

Pardonnez-moi..... j'ai un avis à vous donner.

Mlle. BERTHE.

Parlez.

SIMON *la ramène sur le bord du théâtre, et dit en pesant ses paroles :*

A l'avenir..... c'est de tout voir.... tout entendre..... de ne vous mêler de rien, (*Plus fort*) et de vous taire. (*Il sort.*)

SCENE VIII.

Mlle. BERTHE, *seule, rapidement.*

Voilà le moyen d'exciter ma curiosité. Je verrai tout, j'entendrai tout, je me mêlerai de tout, et je ne me tairai pas. (*Volney paraît.*) Que veut ce jeune homme ?

SCENE IX.

Mlle. BERTHE, VOLNEY, *s'arrêtant au milieu du théâtre, et regardant de tous côtés.*

Mlle. BERTHE, *d'un air dédaigneux.*

Cherchez-vous quelqu'un ?

VOLNEY, *poliment.*

On m'a dit que Simon était ici, et je venais pour le voir.

Mlle. BERTHE.

Cela ne se peut ; il est chez l'homme d'affaires, et vous ne pouvez lui parler.

VOLNEY.

Pourrai-je avoir l'honneur de saluer monsieur de Merfort ?

Mlle. BERTHE, *en le regardant attentivement.*

Ah !... vous être le peintre, à ce qu'il me paraît ?

VOLNEY.

Vous l'avez dit.

Mlle. BERTHE.

Je ne sais pas si monsieur sera visible.

VOLNEY.

Voudriez-vous vous en informer ?

Mlle. BERTHE, *aigrement*.

Vous trouverez des domestiques dans l'anti-chambre.

VOLNEY.

Madame n'est donc pas de la maison ?

Mlle. BERTHE, *fièrement*.

Je n'annonce jamais.

VOLNEY.

Je ne savais pas.....

Mlle. BERTHE.

Mais je vais le faire avertir.
(*Elle va à la table, prend la sonnette, et sonne.*)

VOLNEY.

Vous êtes bien bonne.

(*Eloi entre.*)

Mlle. BERTHE, *à Eloi*.

Allez chez monsieur: vous lui direz que son peintre le demande. (*Eloi sort.*) Il faudra que vous me rendiez un petit service.

VOLNEY.

Tout ce qui dépendra de moi......

Mlle. BERTHE.

Très-honnête, en vérité.

VOLNEY.

Que faudra-t-il que je fasse ?

Mlle. BERTHE, *d'un ton agréable*.

Un joli travail. Je me fis peindre il y a vingt-cinq ans; l'humidité a tellement terni les couleurs de mon portrait, qu'il est presque impossible de pouvoir distinguer ma figure. Il faudra (par-dessus le marché de ce que vous ferez ici, bien entendu) que vous lui donniez.... une touche.... la.... qui lui rende.... son coloris.... sa fraîcheur.... afin que l'on me reconnaisse.

VOLNEY, *un peu malignement.*

Je ne peins que les grands sujets.

Mlle. BERTHE, *avec colère et rapidité.*

Voilà une réponse bien inepte ! apprenez que ce portrait est le chef-d'œuvre d'un grand homme, et qu'il lui a fait sa réputation. Vous n'y toucherez point ; car 'rois que vous acheveriez de le gâter plutôt que de lui r... e son lustre.

VOLNEY.

Ne vous fâchez pas. Peindre en grand, c'est rendre le faits héroïques, les batailles.... les....

Mlle. BERTHE, *l'interrompant.*

Allez donc, allez donc avec vos batailles ! voilà un fameux peintre qui ne sait faire que des batailles.

VOLNEY.

Ce genre....

Mlle. BERTHE.

Est détestable. Vous ne conviendrez point à monsieur.

VOLNEY.

Le pronostic n'est pas flatteur.

Mlle. BERTHE.

Et si vous lui parlez de vos batailles, c'est une affaire finie. — Le voici.

SCÈNE X.

LES PRÉCÉDENS, M. DE MERFORT.

VOLNEY, *à M. de Merfort.*

Monsieur je vous salue

M. DE MERFORT, *gaîment.*

Est-ce vous qui venez peindre les appartemens de mon château ?

VOLNEY.

C'est moi-même.

Mlle. BERTHE.

Oui, il vous fera des batailles.

M. DE MERFORT, *lui lançant un regard foudroyant.*

Hen !

(*Il lui fait signe de se retirer.*)

Mlle. BERTHE, *à part, en remontant la scène.*

Voilà un original de plus dans la maison.

(*M. de Merfort se retourne, et, la voyant encore, lui réitère le signe de se retirer.*) (*Elle fait une révérence, et sort.*)

SCENE XI.
VOLNEY, M. DE MERFORT.

M. DE MERFORT, *gaîment.*

Simon m'a dit que vous aviez du talent.

VOLNEY.

Mettez-moi à l'épreuve, et vous verrez ce que je sais faire.

M. DE MERFORT.

On ne peut mieux répondre : je suis amateur, je vous en préviens.

VOLNEY.

Cela m'annonce que vous êtes le protecteur des artistes.

M. DE MERFORT.

N'en doutez pas. — Je voudrais que les quatre lambris de mon nouveau salon représentassent quelques scènes neuves, agréables.

VOLNEY.

J'ai plusieurs dessins que je fais graver pour insérer dans un roman dont je suis l'auteur : ils pourront vous convenir.

M. DE MERFORT.

Vous êtes auteur ?

VOLNEY.

De ma propre histoire.

M. DE MERFORT.

Vous avez donc eu beaucoup d'aventures ?

VOLNEY, *d'un ton pénétré.*

J'ai éprouvé bien des revers, et je ne sais quand j'en verrai la fin.

M. DE MERFORT.

Pourquoi donc divulguer vos malheurs ?

VOLNEY.

Pour effrayer les jeunes gens sur les suites de leurs passions, et les empêcher de m'imiter.

M. DE MERFORT.

Votre but est louable. — Vous avez reçu de l'éducation.

VOLNEY.

C'est le plus bel héritage que mes parens m'aient laissé.

M. DE MERFORT.

Ils vous ont donné de la science ; ils ont rempli leur tâche envers vous. Les lettres! la peinture!.... En parcourant ces deux carrières vous devez vous enrichir.

VOLNEY.

Jusqu'à présent le sort m'a peu favorisé.... et je ne suis pas heureux.

M. DE MERFORT.

C'est qu'il faut que les gens de votre profession aient de l'économie.

VOLNEY.

Quand ils ne prospèrent pas, la calomnie les accuse de n'en point avoir.

M. DE MERFORT.

Sa langue envenimée n'épargne personne, je le sais. — La fortune, dites-vous, ne vous est pas favorable?..... Vous êtes jeune.... et peut-être quelque étourderie....

VOLNEY, *avec force, et entraîné malgré lui.*

Je n'ai fait qu'une faute, et.... (*Se retenant.*) Mais pardon, monsieur; j'allais vous entretenir de mes peines, lorsque je ne dois vous parler que de mon art.

M. DE MERFORT, *avec sentiment.*

Ah! si vous me connaissiez!.... Les malheureux me sont chers; et quand par mes secours je puis en compter un de moins, cela me fait du bien.

VOLNEY.

Oui, vous êtes leur soutien, leur père; votre domestique me l'a dit.

M. DE MERFORT.

Travaillez.... restez au château... je vous promets que vous serez satisfait d'y être venu.

VOLNEY.

Je le desire.

M. DE MERFORT.

Comptez sur ma promesse.

VOLNEY.

Puissé-je me rendre digne de vos bontés !

M. DE MERFORT, *reprenant sa mélancolie.*

Je me plais à faire le bonheur de tout ce qui m'entoure....: mais il n'en est plus pour moi.

VOLNEY, *avec intérêt.*

Comment se peut-il....

M. DE MERFORT, *du ton le plus sombre.*

C'est un secret... c'est un fardeau que je porte là (*Il met la main sur sa poitrine.*) depuis six ans.

VOLNEY, *ému, et en hésitant.*

Il ne m'appartient pas de vous demander le motif de.....

M. DE MERFORT, *bas et concentré, et prenant la main de Volney.*

Vos travaux seront longs ici.... nous nous verrons.... souvent. — Vous avez des chagrins... j'en ai.... beaucoup.... J'ai des connaissances.... point d'amis. Ceux qui me rendent visite sont tous heureux.... et je ne puis verser des larmes devant des êtres indifférens. (*En lui prenant la main*) Nous nous reverrons.

VOLNEY.

Volney est tout à vous.

M. DE MERFORT, *reprenant un ton plus dégagé.*

Vous me ferez voir votre grand tableau ; Simon prétend qu'il est admirable.

VOLNEY.

Il est le fruit d'une longue étude, et d'un travail réfléchi.

M. DE MERFORT.

Est-ce un trait de la fable ?

VOLNEY, *avec le plus vif intérêt.*

Non : (*Avec beaucoup d'intention.*) la vérité m'a fourni le sujet, et le sentiment a guidé mes pinceaux.

M. DE MERFORT.

Ce doit être un ouvrage intéressant ?

VOLNEY.

S'il obtient votre suffrage, je n'aurai rien à desirer.

M. DE MERFORT.
Que d'en recevoir la valeur.

VOLNEY.
Vous la fixerez d'après l'impression qu'il vous fera : s'il peut vous plaire, il est à vous.

M. DE MERFORT.
Je suis flatté de la préférence que vous me donnez ; vous verrez que je sais récompenser les talens.

SCENE XII.
LES PRÉCÉDENS, SIMON.

SIMON.
Monsieur, le notaire vous demande.

M. DE MERFORT.
J'y vais.

SIMON, *bas en désignant Volney.*
Hé bien !

M. DE MERFORT, *avec joie et à demi-voix.*
Bravo, Simon ! bravo !

SIMON.
Vous êtes content ?

M. DE MERFORT, *toujours à demi-voix.*
Oh !.... enchanté ! (*Haut.*) Ayez soin de monsieur : je l'estime.... et je veux qu'on le regarde comme un ami de la maison. (*Volney s'incline.*)

SIMON.
Laissez-moi faire.

M. DE MERFORT, *en s'en allant.*
Bravo, Simon !... bravo ! bravo ! (*Il sort.*)

SCENE XIII.
VOLNEY, SIMON.

SIMON.
Vous avez été bien accueilli ?

VOLNEY, *hors de lui.*

Au-delà de mon espérance. Quel homme !

SIMON.

La bonté même : je vous en avais prévenu.

VOLNEY.

Où est mon épouse ?

SIMON.

Elle est avec son fils dans un appartement qu'elle a souvent occupé.

VOLNEY, *voulant sortir.*

Conduis-moi.

SIMON, *le retenant.*

Il n'est pas tems : la caisse qui renferme votre tableau est dans ma chambre ; il faut l'ouvrir.

VOLNEY.

Mais....

SIMON, *l'interrompant vivement.*

Ne laissez pas réfroidir l'enthousiasme, ou vous perdez tout.

VOLNEY, *avec la plus grande chaleur.*

Viens : le bonheur de mon épouse dépend de la démarche pénible que je vais faire ; il n'y a point à balancer : la tentative est périlleuse ; mais j'ai pour soutien ton amitié, mon courage et l'amour.

FIN DU PREMIER ACTE.

ACTE SECOND.

Le théâtre représente une jolie salle basse. A la porte du fond on ajoute une grande croisée depuis le haut jusqu'en bas : les carreaux doivent être très-larges et faits avec une gaze claire en place de vitres, pour completter l'illusion. Au-dessus de la croisée est une draperie avec des rideaux de taffetas, que l'on peut tirer à volonté. De la croisée on découvre un superbe jardin en perspective : pour qu'il produise de l'effet, il faut qu'il soit plus éclairé que la salle. A la droite de l'acteur est une porte de cabinet ; à la gauche est celle par où doivent se faire toutes les entrées.

SCÈNE PREMIÈRE

CLÉMENCE, *seule, assise dans un fauteuil à la première coulisse, à la droite de l'acteur. Elle se lève, fait quelques pas, regarde autour d'elle, et dit douloureusement:*

Me voilà donc dans les lieux de ma naissance!... voilà la chambre où je fus élevée... (*Elle regarde vers la fenêtre du fond.*) ce jardin où mon père guidait les premiers pas de mon enfance... où j'allais si souvent cueillir des fleurs pour les lui offrir.... Tout me rappelle combien il me chérissait.... et combien je suis coupable... (*Ici mademoiselle Berthe traverse le jardin, regarde par la croisée, aperçoit Clémence, l'observe d'un air de surprise et de curiosité, fait un geste menaçant et se retire*). Waldémar ne revient pas... mon inquiétude est extrême... comment aura-t-il été reçu?... son trouble ne l'aura-t-il point trahi?.. il est difficile de paraître devant ceux que l'on a offensés. (*Elle va entr'ouvrir la porte du cabinet.*) Mon fils repose... et c'est cet enfant infortuné qui, j'espère, servira à me faire obtenir un pardon qui m'est si nécessaire, et sans lequel je ne puis plus vivre. (*Ici M. de Merfort traverse le jardin. Clémence le voit, se cache derrière un*

des rideaux de la croisée, et avance la tête pour regarder son père : elle s'écrie :) Que vois-je !.. je ne me trompe point.... Clémence... c'est ton père !... Ah ! tout mon cœur vole vers lui. Il s'arrête... il soupire... Malheureuse ! et c'est moi peut-être qui suis la cause de sa douleur !
(*Elle tombe dans un fauteuil qui est auprès de la grande croisée du fond, et se met à pleurer.*)

SCÈNE II.

CLÉMENCE, URBAIN.

URBAIN, *sortant la tête hors du cabinet, et restant sur le seuil de la porte.*

Maman !... maman !... où es-tu ?

CLÉMENCE, *plongée dans la rêverie.*

Que deviendrai-je s'il est inflexible ?

URBAIN, *apercevant sa maman, et courant à elle.*

Maman, me voilà... qu'as-tu donc ? tu pleures !

CLÉMENCE *se lève et descend la scène lentement.*

Non, mon ami.

URBAIN.

Oh ! je le vois bien... Embrasse-moi, bonne maman ! pourquoi es-tu toujours si triste ? est-ce moi qui t'afflige ?

CLÉMENCE, *le pressant dans ses bras.*

Toi ?... non... non, mon cher enfant.

URBAIN.

Est-ce papa ?... où est-il ?... je ne le vois point.

CLÉMENCE.

Il va venir ; je l'attends.

URBAIN.

Qu'il se dépêche donc. (*Il regarde par la croisée.*) Oh ! maman, le beau jardin !

CLÉMENCE, *en soupirant.*

Oui... il est bien beau !

URBAIN.

Allons nous y promener ; nous ferons un joli bouquet.
(*Urbain va auprès de la croisée ; Clémence le suit.*)

CLÉMENCE.
Nous irons dans un autre instant.

URBAIN, *regardant encore dans le jardin.*
Maman, quel est ce vieux monsieur qui se promène? il a l'air bien aimable.

CLÉMENCE.
Oh! très-aimable... et il faudra bien l'aimer.

URBAIN.
Oui. Vois donc, maman, qu'il a de beaux cheveux blancs!... il regarde par ici.

CLÉMENCE, *vivement.*
Ne te montre pas. (*Elle tire un cordon, et les rideaux se ferment*).

URBAIN, *voulant r'ouvrir les rideaux.*
Laisse-moi le saluer.

CLÉMENCE, *le retenant.*
Restez, monsieur.

URBAIN, *faisant une petite moue.*
Là, voyez; quand je ne salue pas, tu me grondes, et à présent tu m'en empêches.

CLÉMENCE, *avec bonté.*
Ecoute-moi, Urbain; voilà quel est mon motif. Ce monsieur est le maître du château, et la bienséance veut que nous lui rendions visite. Le saluer de cette croisée lui paraitrait trop libre: cette politesse, n'étant point à propos, serait ridicule, décélerait notre peu d'usage, et le ferait mal augurer de nous.

URBAIN.
J'entends cela. (*On entend le bruit d'une clef dans la serrure de la porte de la salle.*)

CLÉMENCE, *effrayée.*
Qui peut donc ouvrir cette porte? cache-toi. (*Elle le fait rentrer dans le cabinet*).

SCENE III.
CLÉMENCE, Mlle. BERTHE.

Mlle. BERTHE.
Je ne me suis pas trompée... Ha! ha! voilà du neuf.

CLÉMENCE, *à part.*

Que veut cette femme?

Mlle. BERTHE.

Que fait ici mademoiselle?

CLÉMENCE.

Madame, je...

Mlle. BERTHE, *vivement.*

Voulez-vous quelque chose? demandez-vous quelqu'un? d'où venez-vous? qui êtes-vous? qui vous a fait entrer ici?

CLÉMENCE.

Avant de répondre, pourrais-je savoir par qui j'ai l'honneur d'être interrogée?

Mlle. BERTHE.

C'est-à-dire qu'il faut que je réponde la première à vos questions?

CLÉMENCE.

Mais je crois...

Mlle. BERTHE.

Vous croyez, vous croyez! je vous trouve plaisante de me parler ainsi!

CLÉMENCE.

J'imagine que madame ne vient pas dans le dessein de me dire des choses désobligeantes?

Mlle. BERTHE.

J'imagine qu'on ne doit pas beaucoup se gêner avec une inconnue.

CLÉMENCE.

Que l'on devrait connaître avant de l'insulter.

Mlle. BERTHE.

Hé bien, voyons, faisons connaissance: je suis mademoiselle Berthe, femme de charge dans le château; et la prépondérance que le maître m'y accorde me donne le droit de tout voir, tout savoir, et de vous demander enfin qui vous êtes.

CLÉMENCE, *d'un ton ferme.*

Vous ne m'inspirez pas assez de confiance pour vous en rendre compte.

Mlle. BERTHE.

Ah, vous le prenez ainsi! en ce cas, ma belle demoiselle, donnez-vous la peine de sortir de cet appartement.

CLÉMENCE.

Avez-vous le droit de m'en exclure?

Mlle. BERTHE.

Assurément; car je suis sûre que monsieur ignore que vous y êtes.

CLÉMENCE.

Quand il le saura, je crains qu'il ne vous punisse de votre témérité.

Mlle. BERTHE.

Ma témérité!... vous parlez d'un ton!...

CLÉMENCE.

Qui me convient.

Mlle. BERTHE.

Comment! je ne saurai pas qui vous a conduite ici?

CLÉMENCE.

Non.

Mlle BERTHE.

Ha! ha! y resterez-vous long-tems?

CLÉMENCE.

C'est ce que je ne vous confierai pas.

Mlle. BERTHE.

Non?

CLÉMENCE.

Non.

Mlle. BERTHE.

On pourra le découvrir.

CLÉMENCE.

Si cela est, on fera bien d'avoir de la discrétion.

Mlle. BERTHE.

Sans doute; il y aurait grand risque d'en manquer.

CLÉMENCE.

Peut-être plus que vous ne le croyez.

Mlle. BERTHE.

Désobéir à mademoiselle serait un crime capital.

CLÉMENCE.

Faire punir l'insolence de mademoiselle serait une justice qui lui serait bien due.

Mlle. BERTHE.

En attendant, on peut dire à madame ce que l'on en pense.

CLÉMENCE.

Vous pouvez vous en dispenser.

Mlle. BERTHE.

On croit, avec juste raison, qu'elle est attachée à ce peintre que Simon a été chercher à Paris?

CLÉMENCE.

Vous le supposez?

Mlle. BERTHE.

J'en jurerais.

CLÉMENCE.

Quand on a le talent de deviner les secrets, l'honneur engage à les garder.

Mlle. BERTHE.

C'est ce que je ne ferai pas. — Ah! j'ai donc deviné? C'est bon! c'est bon! je vais vous apprendre à venir vous établir ici sans l'aveu des maîtres.

CLÉMENCE.

Me fallait-il le vôtre?

Mlle. BERTHE.

Pourquoi pas? En vérité, mademoiselle agit sans façon; on dirait qu'elle est chez elle.

CLÉMENCE, *à part*.

Quelle humiliation!

Mlle. BERTHE.

Êtes-vous l'épouse de ce peintre?

CLÉMENCE, *outrée*.

Mademoiselle, je vous prie de vous retirer; je n'ai plus rien à vous répondre.

Mlle. BERTHE, *avec la plus grande volubilité*.

Ah! vous n'avez plus rien à répondre! Je vous ferai bien

parler. Me dire de me retirer! comme si l'on avait des ordres à recevoir de mademoiselle. Oh! nous saurons qui de nous deux se retirera. Là, voyez s'il n'est pas scandaleux que des étrangers viennent ainsi dans une maison respectable pour parler aux gens avec orgueil et mépris! Je vous ferai repentir de manquer d'égards pour une personne comme moi. Je vais porter mes plaintes à monsieur, et j'espère qu'il me fera raison de vos impertinences. (*Elle va pour sortir.*)

CLÉMENCE, *allant après elle, et d'un ton suppliant.*

Mademoiselle, je vous prie.....

Mlle. BERTHE, *s'arrêtant, dit avec hauteur.*

Ah! vous changez de ton.

CLÉMENCE.

Excusez.....

Mlle. BERTHE.

Je n'excuse jamais.

CLÉMENCE.

Ne dites point à M. de Merfort....

Mlle. BERTHE.

Je vais tout découvrir.

CLÉMENCE.

Je vous demande en grâce....

Mlle. BERTHE.

Point de grâce ; on va savoir qui vous êtes.

CLÉMENCE, *reprenant sa fierté.*

Tremblez de l'apprendre.

Mlle. BERTHE.

C'est vous qui tremblez d'être connue.

CLÉMENCE.

Avant la fin du jour vous me connaîtrez.

Mlle. BERTHE.

Encore des menaces! Oh! je n'y tiens plus, et ma patience est à bout. Au revoir, ma petite ; je cours de ce pas annoncer à monsieur que vous êtes chez lui, et vous n'y resterez pas long-tems.

CLÉMENCE.

Plus long-tems que vous peut-être.

Mlle. BERTHE.

Nous verrons qui sortira la première.

CLÉMENCE.

Nous le verrons.

Mlle. BERTHE.

Nous allons le voir.

SCÈNE IV.

LES PRÉCÉDENS, SIMON.

SIMON, *d'un ton brusque et colère pendant toute la scène.*

Comment ! c'est vous ?

Mlle. BERTHE, *d'un ton aigre et vif pendant toute la scène.*

Certainement c'est moi.

(*Ici Clémence va s'asseoir.*)

SIMON.

Qui vous a fait venir dans cette salle ?

Mlle. BERTHE.

Le desir de connaitre cette belle dame qui veut faire la maitresse ici.

SIMON.

Elle a raison.

Mlle. BERTHE.

Elle a osé me dire....

SIMON.

Vos vérités. Elle a bien fait.

Mlle. BERTHE.

Elle m'a impatientée.

SIMON.

Elle aurait dû vous chasser.

Mlle. BERTHE.

En a-t-elle le pouvoir ?

SIMON.

Je le crois.

Mlle. BERTHE.
C'est singulier.

SIMON.
C'est vrai.

Mlle. BERTHE.
Ah! *(Elle reste en attitude, la bouche ouverte.)*

SIMON, *après un petit tems.*
Deviez-vous venir ici sans y être demandée?

Mlle. BERTHE.
Ne m'est-il pas permis....

SIMON.
Non.

Mlle. BERTHE.
Mais....

SIMON.
Je vous défends d'y revenir sans mon ordre.

Mlle. BERTHE.
Dois-je en prendre de vous?

SIMON.
Un peu.

Mlle. BERTHE.
Je vais tout conter à monsieur.

SIMON.
En agissant ainsi yous ne risquez rien de faire votre malle.

Mlle. BERTHE.
Pourquoi?

SIMON.
Parce que s'il vous échappe un seul mot sur madame je fais votre compte, et vous renvoie.

Mlle. BERTHE.
Êtes-vous le maître ici?

SIMON.
Vous verrez ce que j'y suis.

Mlle. BERTHE.
Et vous ce que j'y ferai.

SIMON, *fort.*
Finirez-vous?

Mlle. BERTHE.
Vous ne m'imposerez pas silence.

SIMON.
Je vous l'ordonne.

Mlle. BERTHE.

Il est bien dur de se voir traiter de la sorte par une....

SIMON, *s'approchant d'elle, dit en serrant les dents.*

Vieille insensée! savez-vous ce que vous dites, et de qui vous parlez?

Mlle. BERTHE.

Moi une vieille insensée! — Moi!... La belle jeunesse pour traiter une femme comme moi de vieille insensée!.....

SIMON, *avec colère.*

Voulez-vous vous en aller? bavarde infernale!

CLÉMENCE, *se levant.*

Simon, ne vous emportez pas.

SIMON.

C'est qu'il n'est point de patience qui tienne contre ce démon féminin.

Mlle. BERTHE.

J'étouffe de colère.

SIMON.

Puisse-t-elle vous ôter à jamais la parole!

Mlle. BERTHE, *étouffant de colère.*

Je la retrouverai.... je la retrouverai.

―――――

SCÈNE V.

CLÉMENCE, URBAIN, SIMON.

SIMON.

Je venais voir si rien ne vous manquait : où donc est le petit?

CLÉMENCE.

Dans le cabinet. (*Elle va au cabinet.*) Viens, Urbain.

URBAIN.

Cette méchante femme m'a fait bien peur.

SIMON.

Elle ne l'a pas vu.

CLÉMENCE.

Non.

SIMON.

C'est bien.

CLÉMENCE.

Que vais-je devenir si elle va avertir mon père de mon arrivée ?

SIMON.

Elle ne vous connait pas, et votre père croira que vous êtes la femme de son peintre.

CLÉMENCE.

Comment a-t-il reçu mon mari ?

SIMON.

A merveille.

CLÉMENCE.

Ah Dieu! s'il était possible....

SIMON.

Oui, oui, c'est possible : aujourd'hui réconciliation complette.

CLÉMENCE.

Tu l'espères ?

SIMON.

Je l'assure.

CLÉMENCE.

Que fait mon époux ?

SIMON.

Il est occupé à déballer son tableau : il va venir.... Le voici.

SCÈNE VI.

LES PRÉCÉDENS, VOLNEY.

URBAIN, *courant à son papa.*

Papa, te voilà ?

VOLNEY, *le baisant.*

Oui, mon ami.

CLÉMENCE, *vivement.*

Hé bien, quel espoir ?

VOLNEY.

J'en ai beaucoup.

CLÉMENCE.

Ah ! tu me rends la vie.

VOLNEY, *vivement.*

Et le bonheur peut-être. M. de Merfort m'a reçu avec une franchise !.... Il m'a fait un accueil dont je suis pénétré ; je lui ai inspiré la plus grande confiance ; il m'a appelé son ami.... Tout va bien.

CLÉMENCE.

Je crains....

SIMON.

Allons, allons, plus de tristesse : vous voilà ici ; vous n'en sortirez pas. Je vous ai promis de faire votre paix avec M. de Merfort ; je tiendrai ma parole.

CLÉMENCE.

Que le ciel t'entende !

SIMON.

Il m'a entendu ! De la constance, de la fermeté ; et dans une heure nous serons tous heureux.

(*Il fait quelques pas pour se retirer.*)

VOLNEY.

Tu nous quittes ?

SIMON.

Je vais donner des ordres pour votre dîner.... Vous souperez en famille.

VOLNEY.

Que d'obligations nous t'avons ! Si nous réussissons.... si jamais la fortune..... va, tu recevras le prix de tes services.

SIMON, *noblement.*

Souvenez-vous qu'un ami ne doit pas les faire payer.

(*Il sort.*)

SCÈNE VII.

LES PRÉCÉDENS, *hors* SIMON.

CLÉMENCE.

Enfin mon père t'a paru...

VOLNEY.

Sensible et malheureux.

CLÉMENCE.

Malheureux! — Ah! c'est moi....

VOLNEY.

Retiens tes pleurs..... n'affaiblis pas mon courage : le moment approche où je vais en avoir besoin.

CLÉMENCE.

Et si mon père....

VOLNEY.

« Brave jeune homme, m'a-t-il dit, allez m'attendre chez « vous.... j'ai besoin de causer avec un ami. » — Il va venir ; retire-toi : s'il te voyait avant d'exécuter ce que nous avons projeté, tout serait perdu.... On frappe!... Entrez dans ce cabinet. (*Ils entrent.*) Ouvrons.

SCÈNE VIII.

VOLNEY, M. DE MERFORT.

M. DE MERFORT.

C'est moi.

VOLNEY.

Pardon, monsieur ; je vous ai fait attendre.

M. DE MERFORT.

Point du tout : vous vouliez être seul peut-être, et je vous dérange.

VOLNEY.

Non, monsieur.

M. DE MERFORT.

Êtes-vous bien ici ?

VOLNEY.

On ne peut mieux.

M. DE MERFORT.

Vous avez la vue du jardin ; cela doit vous plaire.

VOLNEY.

Ici tout est charmant. — Vous devez être ravi d'occuper un séjour aussi beau.

M. DE MERFORT, *en soupirant.*

Il n'y manque que le bonheur.

VOLNEY.

S'il n'est point en ces lieux, où donc le trouverez-vous?

M. DE MERFORT, *sombre et lent.*

Nulle part. — Jadis cette retraite me paraissait délicieuse.... à présent tout m'y devient insipide. — Ah, mon ami! j'y cherche en vain un objet que je n'y rencontrerai plus.

VOLNEY.

Si j'avais cru troubler votre tranquillité.... je....

M. DE MERFORT, *l'interrompant.*

Non.... c'est moi qui n'ai pas été maître.... Vous êtes sensible.... vous avez des droits à ma confiance.

VOLNEY.

Si vous me l'accordez, je ferai tout pour la mériter.

M. DE MERFORT, *en la regardant fixement.*

Oui, vous la mériterez.... je connais les hommes, et je ne me suis pas trompé sur votre compte.

VOLNEY.

Puissiez-vous ne jamais perdre la bonne opinion que vous avez de moi!

M. DE MERFORT.

Je ne la perdrai pas. — Depuis quand exercez-vous la peinture?

VOLNEY.

Dès ma plus tendre jeunesse: je l'appris par goût, et je ne croyais pas être obligé d'en faire mon état.

M. DE MERFORT.

Qui vous y a contraint?

VOLNEY.

L'amour et la nécessité.

M. DE MERFORT.

Le besoin a souvent fait éclore les talens. Heureux celui les possède! — Avez-vous beaucoup voyagé?

VOLNEY.

Beaucoup.

M. DE MERFORT.

L'Italie, Rome ont des écoles que vous avez sans doute fréquentées ?

VOLNEY.

Oui, monsieur.

M. DE MERFORT.

Mais la Hollande eut de grands maitres; n'avez-vous jamais été en ce pays ?

VOLNEY, à part.

Où veut-il en venir ? (*Haut*) J'y ai passé quelques mois.

M. DE MERFORT.

Y a-t-il long-tems ?

VOLNEY.

Je n'en suis de retour que depuis un an.

M. DE MERFORT.

Depuis un an !... Vous pouvez me donner des éclaircissemens.....

VOLNEY.

Si je le puis. vous devez tout attendre...

M. DE MERFORT, *lentement*.

Le hasard pourra vous avoir procuré la connaissance d'une personne... à laquelle je fus très-attaché.

VOLNEY.

Je connaissais fort peu de monde : livré à l'étude....

M. DE MERFORT.

On n'étudie pas toujours. — Quelle est la ville que vous avez le plus habitée ?

VOLNEY.

La Haye.

M. DE MERFORT.

La Haye ? — C'est bien cela. — N'auriez-vous point entendu parler dans cet endroit d'une madame Waldémar ?

VOLNEY.

Madame Waldémar ? — Oui, oui, monsieur.

M. DE MERFORT.

Vous l'avez connue ?

VOLNEY.

Beaucoup. — J'étais intimement lié avec son époux.

M. DE MERFORT, *avec indignation*.

Quoi ! vous avez été l'ami de ce monstre ?

VOLNEY.

Je crois qu'il ne mérite pas ce nom.

M. DE MERFORT.

Si vous saviez ce dont il fut capable, vous rougiriez de votre liaison.

VOLNEY.

Quand vous connaitrez Waldémar, peut-être penserez-vous différemment.

M. DE MERFORT, *avec fureur.*

Ah! le traître! qu'il se garde bien de se présenter à ma vue.

VOLNEY.

Permettez-moi de....

M. DE MERFORT.

Vous ignorez combien je dois le haïr!.... Apprenez qu'il est la cause de tous mes maux.... connaissez-le, et repentez-vous d'avoir accordé votre estime au plus perfide des hommes.

VOLNEY.

Monsieur....

M. DE MERFORT, *l'interrompant vivement.*

Ecoutez-moi.... et vous verrez si mon ressentiment est fondé — Attaché au service de la Compagnie des Indes, je fus chargé d'une mission importante. Ayant perdu mon épouse, obligé de m'expatrier, je confiai ma fille à ma sœur, et je partis — Fatal voyage! qu'il m'a coûté cher! — Je rapportai des trésors... et je perdis le bonheur.

VOLNEY.

Et comment?

M. DE MERFORT, *avec force et sensibilité.*

A mon retour je ne trouvai plus mon enfant.

VOLNEY.

Hélas!

M. DE MERFORT, *plus fort, et pleurant.*

L'indigne Waldémar l'avait arraché des bras de sa tante, et fut l'épouser en Hollande.

VOLNEY, *vivement.*

Sans doute on l'a forcé de....

M. DE MERFORT, *l'interrompant d'un ton sec et ferme.*

Ne l'excusez point; vous connaissez son crime, vous pouvez le juger.

6

VOLNEY.

Je suis loin de l'approuver. — Mais.... avez-vous su ce qui a pu le porter à cette extrémité ?

M. DE MERFORT.

Oui : ce fut l'obstination de ma sœur, qui ne voulut point consentir à son hymen avec Clémence.

VOLNEY.

Waldémar n'est pas sans reproche, j'en conviens ; mais ses intentions étaient pures.... et le nœud qu'il a formé atteste....

M. DE MERFORT.

Sa faute. — Et la fille ingrate qui a pu porter le désespoir dans le cœur du plus tendre des pères, éprouvera bientôt les effets de sa vengeance.

VOLNEY.

Ne parlez pas si haut.

M. DE MERFORT.

Pourquoi ?

VOLNEY.

Je crains qu'on ne puisse vous entendre.

M. DE MERFORT, *avec ame.*

Ah ! que le cri de ma douleur ne peut-il retentir jusque dans le cœur de la cruelle !

VOLNEY.

Elle en serait bien touchée !

M. DE MERFORT, *fort, et douloureusement.*

Non.... elle ne pense plus à son père. (*L'interrogeant en hésitant.*) Dites.... dites-moi.... quel est son sort.

VOLNEY.

Si vous connaissiez sa douloureuse situation , vous ne pourriez lui refuser votre pitié.

M. DE MERFORT, *avec la plus grande force.*

Elle est malheureuse ? — Elle est punie.

VOLNEY.

Vous êtes vengé.

M. DE MERFORT, *du ton le plus concentré, et vivement.*

Non ; je souffre.

VOLNEY, *avec transport.*

Vous avez le cœur d'un bon père.... Elle a trop tardé à vous demander son pardon.

M. DE MERFORT.

Moi lui pardonner!

VOLNEY.

Vous la haïssez donc?

M. DE MERFORT, *en soupirant.*

Je voudrais l'estimer.

VOLNEY, *avec le plus grand intérêt.*

Nul être sur la terre n'est exempt d'erreurs. — Le délire de l'amour égare, entraine : vous devez plaindre ses déplorables victimes.

M. DE MERFORT, *au comble de la fureur.*

Je leur dois ma haine. L'infame Waldémar versera mon sang, ou je lui arracherai la vie. — Si je succombe, l'odieuse Clémence sera poursuivie par le repentir d'avoir causé la mort d'un père qui l'adorait, et j'expirerai en l'accablant de ma malédiction. (1)

CLÉMENCE *fait un grand cri.*

Ah!

(*M. de Merfort et Volney restent stupéfaits ; M. de Merfort a les yeux fixés sur le cabinet. Volney, saisi de frayeur, a les regards tournés vers le public. Ils restent un moment en attitude : cela doit faire tableau.*)

M. DE MERFORT, *revenant à peine de sa surprise, dit lentement, et à demi-voix.*

Il y a quelqu'un dans cette chambre.

---

(1) Souvent on manque le cri de Clémence, faute d'en avoir la tradition; ce cri étant du plus grand effet, je n'ai pu trouver de meilleur moyen de l'indiquer juste, et comme il doit être rendu, qu'en faisant noter ce qui suit :

M. DE MERFORT, *avec la plus grande force.*

Et j'ex-pi-re - rai en l'ac-cablant de ma ma- lé-dic-ti-

CLÉMENCE.

on.   Ah!

VOLNEY.

Monsieur.....

M. DE MERFORT.

Un cri s'est fait entendre.

VOLNEY.

Monsieur....

M. DE MERFORT.

Quel est ce mystère?..... Je veux savoir.... (Il va à la porte du cabinet.)

VOLNEY, se mettant au-devant de lui, et l'empêchant d'entrer.

Arrêtez, monsieur : cela doit peu vous inquiéter.

M. DE MERFORT.

Comment ! lorsque je vous confiais mes secrets....

VOLNEY.

Soyez tranquille, vous n'avez point commis d'indiscrétion.

M. DE MERFORT.

Je n'en suis pas certain..... et je veux savoir......

(Il va droit au cabinet, et met la main sur le bouton de la porte.)

VOLNEY, le retenant.

Demeurez, je vous en supplie : je vais vous satisfaire.

M. DE MERFORT, revenant à sa place.

Parlez.

VOLNEY.

Cette voix que vous venez d'entendre....

M. DE MERFORT.

Hé bien ?

VOLNEY.

C'est celle.... de mon enfant.

M. DE MERFORT.

Vous êtes père ? je vous plains ! — Faites-moi voir votre enfant.

VOLNEY.

Peut-être en ce moment....

M. DE MERFORT.

J'espère que vous ne me refuserez pas.

VOLNEY.

Vous me l'ordonnez?

M. DE MERFORT.

Je le desire.

VOLNEY.

Vous le desirez? — Je vais vous l'amener à l'instant.

(*Il entre dans le cabinet, et referme la porte après lui.*)

SCÈNE IX.

M. DE MERFORT, seul.

Volney pourra m'être utile, et me faire retrouver ce que je recherche depuis si long-tems. — Cependant il est l'ami de ce Waldémar, et cela me contrarie. — Ah! l'on est encore en Hollande. — J'irai: ils me verront, et je suis sûr à présent qu'ils ne pourront m'échapper.

SCÈNE X.

M. DE MERFORT, VOLNEY, URBAIN.

VOLNEY, *tenant Urbain par la main, lui dit tout bas, en refermant la porte.*

Attention. (*Haut.*) Urbain, salue monsieur, et va l'embrasser, s'il veut le permettre.

URBAIN, *d'un ton mignard et traîné.*

Le voulez-vous?

M. DE MERFORT, *le prenant dans ses bras.*

De tout mon cœur, mon petit ami.

VOLNEY, *à part, avec transport.*

Il embrasse mon fils !

URBAIN, *en tendant les bras.*

Je voudrais bien vous rendre votre baiser.

M. DE MERFORT.

Pourquoi donc avez-vous crié ?

URBAIN.

Je croyais que vous grondiez papa.

M. DE MERFORT.

Il est charmant !.... Et où est sa mère ?

VOLNEY.

Tout près d'ici.

M. DE MERFORT.

Il faut la faire venir.

VOLNEY.

J'attendais vos ordres.

M. DE MERFORT.

Simon pouvait bien prendre cela sur lui; il sait ma façon de penser.

VOLNEY.

Il ne me l'a pas laissé ignorer ; mais mon épouse a des chagrins.... et les malheureux craignent d'importuner.

M. DE MERFORT.

Elle a des chagrins ?

URBAIN, *vivement.*

Oh oui ! car elle pleure toujours.

VOLNEY.

Paix, Urbain.

M. DE MERFORT.

Je vous laisse : vous êtes dépositaire de mes secrets...... Quand vous voudrez me confier les vôtres, vous me trouverez prêt à vous entendre.

VOLNEY.

Vous n'attendrez pas long-tems.

M. DE MERFORT.

Bien. — Gardez le silence sur ce que je viens de vous dire, et pardonnez-moi de vous avoir affligé par le récit de mes malheurs.

VOLNEY.

Croyez, monsieur, que j'y prends le plus vif intérêt. Conservez-moi votre confiance ; je partagerai vos peines, je les adoucirai, je les ferai cesser peut-être.... et je serai trop heureux si je puis parvenir à mériter le beau titre d'ami dont vous avez daignez m'honorer.

M. DE MERFORT, *lui presse la main.*

Les artistes sont des hommes bien estimables! vous m'en donnez la preuve. (*En regardant Urbain avec attention.*) J'aime votre fils..... il me rappelle des traits !... Faites venir votre épouse ; elle sera bien reçue.

VOLNEY.

J'aurai l'honneur de vous la présenter.

M. DE MERFORT, *à Urbain, en le pressant dans ses bras.*

Viens.... viens me voir, mon petit ami.

URBAIN, *gaîment.*

Oui, j'irai tous les jours.

M. DE MERFORT.

Tu me feras plaisir.

URBAIN.

Je n'y manquerai pas.

M. DE MERFORT.

Je t'en prie. — Adieu.

URBAIN.

Un baiser.

M. DE MERFORT, *après l'avoir embrassé, dit à part, en s'en allant.*

A son âge Clémence était comme cela. (*Haut.*) A tantôt. (*Volney a l'air de vouloir le reconduire.*) Restez, je le veux. (*Il sort.*)

SCÈNE XI.

LES PRÉCÉDENS, hors MERFORT, CLÉMENCE.

VOLNEY *va fermer la porte de la chambre, et revient ouvrir celle du cabinet. Il appelle.*

Clémence! ma chère Clémence!

CLÉMENCE *sort du cabinet, et s'appuie sur Waldémar.*

A peine je respire. — Ah, Waldémar! tu as entendu mon père!

VOLNEY.

Oui, et ta sensibilité a failli nous perdre.

CLÉMENCE.

Chaque mot qu'il proférait enfonçait le poignard dans mon cœur. Tout est fini pour nous : fuyons, fuyons loin de ces lieux, évitons sa colère.

VOLNEY.

Non, il faut la fléchir.

CLÉMENCE.

Ne l'espérons pas : il en veut à tes jours. — S'il s'armait contre toi!.... — Ah Dieu! j'en frémis.

VOLNEY.

S'il en veut à mes jours, je ne les défendrai pas : il est ton père ; je l'ai offensé, il sera mon juge : mon sort dépend de lui.

CLÉMENCE, *avec force et délire.*

Oui, ton juge! le mien! un juge sévère, terrible, irrité; il doit l'être. — Malheur aux enfans ingrats qui méconnaissent l'autorité paternelle! le ciel les punit.... je l'éprouve.

VOLNEY.

Il faut tout entreprendre pour regagner la tendresse de ton père.

CLÉMENCE.

Je l'ai perdue; il ne pardonnera point : ses paroles sont là,

— Emportée par les mouvemens de mon cœur, je voulais aller me jeter à ses pieds..... J'y courais : sa malédiction m'a fait trembler ; j'en mourrai.

VOLNEY.

Que dis-tu ? Clémence... regarde ton fils.

CLÉMENCE.

Mon fils, mon époux, — cher Waldémar ! voilà les seuls liens qui m'attachent à la vie.

(*Elle se jette dans les bras de Waldémar. On frappe, et ils marquent leur frayeur.*)

VOLNEY, *avec effroi*.

Qu'entends-je !

SIMON, *en dehors*.

Ouvrez ; c'est Simon. (*Volney va ouvrir.*)

SCENE XII.
LES PRÉCÉDENS, SIMON.

SIMON.

Venez chez moi ; vous êtes servis, le diner vous attend.

CLÉMENCE.

Je n'ai besoin de rien.

URBAIN.

Mais, maman, il faut bien dîner.

SIMON.

Il a raison ; dépêchez-vous.

CLÉMENCE.

Ah ! si tu savais ce qui vient de se passer avec mon père ! si tu avais vu sa fureur quand il a parlé de moi

SIMON.

Il s'est emporté ? — Je n'en suis pas surpris : qu'il gronde et qu'il pardonne, c'est tout ce qu'on lui demande. Venez, venez.

CLÉMENCE.

Non, je ne pourrais.....

SIMON.

Ce soir nous aurons tous de l'appétit.

CLÉMENCE.

Mais si mon père....

SIMON.

Il sera content de vous revoir. Ah! quel jour pour lui!

CLÉMENCE, *alarmée.*

Je doute....

SIMON, *avec enthousiasme et gaîté.*

J'affirme. — Morbleu, le beau souper! le joli coup-d'œil! Je vous vois à table, vous d'un côté, votre fils de l'autre, et votre père au milieu. Il vous embrasse, vous presse contre son sein, vous appelle ses enfans. — Je suis là, moi! je sers, je regarde, je jouis, et je me dis tout bas : « voilà, voilà mon ouvrage! »

VOLNEY.

Oui, ton ouvrage, mon digne ami!

CLÉMENCE, *avec joie.*

Tu me donnes de l'assurance.

SIMON.

Vous, ne perdez pas de tems; en sortant de table, exposez votre tableau : mon maître aime les talens, et les vôtres feront un grand effet.

VOLNEY.

Et si notre attente était trompée!

SIMON, *avec force.*

Impossible; l'art plaidera la cause de la nature. Partons.

(*Simon prend l'enfant dans ses bras, et part le premier; Clémence s'appuie sur Waldémar, et ils sortent lentement.*)

FIN DU SECOND ACTE.

---

(1) En disant : *Je suis là, moi!* Simon se courbe, met ses deux mains sur ses genoux, avance la tête en avant, et reste en attitude.

ACTE TROISIEME.

Le théâtre représente le salon du premier acte. A la première coulisse, à droite de l'acteur, est un grand tableau monté sur trois gradins; il est placé obliquement, et couvert d'un voile de serge verte.

SCÈNE PREMIÈRE.

VOLNEY, *seul, achevant de couvrir le tableau, et descendant du gradin.*

Tout est prêt..... Allons, voilà le moment décisif.... Ah! combien je redoute la colère de monsieur de Merfort! Si je ne puis le fléchir, plus d'espoir pour nous. Fasse le ciel que nous échappions aux traits de sa juste vengeance! — Simon ne revient point. — On frappe.... c'est lui.

SCÈNE II.

VOLNEY, Mlle. BERTHE.

Mlle. BERTHE.

Pourquoi donc avez-vous fermé cette porte?

VOLNEY, *avec humeur.*

Parce que j'avais besoin d'être seul.

Mlle. BERTHE.

C'est tout à fait commode. (*Apercevant le tableau.*) Eh bon Dieu! qu'est-ce que tout cet embarras?

VOLNEY.

Je ne crois pas que cela doive vous regarder.

Mlle. BERTHE, *ironiquement.*

Vous ne le croyez pas?

VOLNEY.

Non.

Mlle. BERTHE, *d'un ton d'autorité.*

Débarrassez le passage; il faut que j'entre dans ce cabinet.

VOLNEY.

Il m'est nécessaire : vous ne pouvez y entrer.

Mlle. BERTHE.

Mais j'y viens chercher quelque chose.

VOLNEY, *impatienté*

Vous reviendrez une autre fois.

Mlle. BERTHE.

Vous êtes sans façon.

VOLNEY.

Comme vous.

Mlle. BERTHE, *aigrement.*

Il est aussi poli que son épouse.

VOLNEY.

Je sais l'horrible manière dont vous l'avez traitée : que cela ne vous arrive plus.

Mlle. BERTHE.

On y prendra garde — Le salon de monsieur est-il fait pour vous servir d'atelier? Allons, allons, ôtez cet attirail, et décampez.

VOLNEY.

Je resterai malgré vous.

Mlle. BERTHE.

Malgré moi! — Mais ce petit monsieur répond avec une arrogance!...

VOLNEY.

Ce petit monsieur, si vous n'êtes honnête, pourra vous faire chasser.

Mlle. BERTHE.

Il est fort celui-là! — Je vous trouve bien singulier de me tenir de pareils discours!

VOLNEY.

Redoutez-en l'effet

Mlle. BERTHE.

Oh! j'ai de quoi rabattre votre audace; et vous et votre

femme orgueilleuse vous me le paierez — Laissez venir monsieur; vous verrez, vous verrez! Je vous servirai de manière qu'il vous enverra peindre ailleurs vos grands sujets et vos batailles.

SCÈNE III.

LES PRÉCÉDENS, SIMON.

SIMON, *avec surprise et froidement.*

C'est encore vous?

Mlle. BERTHE.

Certainement.

SIMON.

Et toujours en dispute?

Mlle. BERTHE.

C'est ce peintre qui vient s'établir dans le salon, et qui prétend me faire mettre dehors, parce que j'y trouve à redire.

SIMON.

Il fera bien.

Mlle. BERTHE.

Je sais que vous le protégez; mais je ne vous crains ni l'un ni l'autre.

SIMON.

Vous êtes bien brave! Voudriez-vous avoir la complaisance de nous laisser?

Mlle. BERTHE, *avec rapidité.*

Oui, je m'en vais; car je n'y puis plus tenir. — On se cache de moi... Il y a dans tout ceci une énigme dont on ne veut pas me donner le mot: mais si je le devine!.... Je suis femme; c'est vous en dire assez.

SCÈNE IV.
VOLNEY, SIMON.

VOLNEY.

Elle m'inquiète, et je crains......

SIMON.

Soyez tranquille : elle est bonne femme; elle n'a que le défaut d'être un peu curieuse et de parler à tort et à travers. (*En montrant le tableau.*) C'est donc cela?

VOLNEY.

Oui : tu peux avertir monsieur de Merfort.

SIMON.

Non pas à présent ; il est d'une humeur effroyable! Je ne sais ce qui lui a passé par la tête; il m'a brusqué pour la première fois, et s'est enfermé dans son cabinet..... Il paraît occupé de quelque nouveau projet.

VOLNEY.

Qu'allons-nous devenir ?

SIMON.

Du courage, morbleu! du courage. Je suis ici, moi; et, au péril de ma vie, il faut que tout réussisse.

M. DE MERFORT, *en dehors.*

Simon.

SIMON.

Il m'appelle. Retirez-vous, et laissez-moi essuyer la première bourasque.

VOLNEY, *en montrant son tableau.*

Mais laisser ainsi !....

SIMON.

Je vous réponds de votre tableau.

VOLNEY.

Es-tu bien sûr que monsieur....

SIMON.

Il vient... Rentrez, et ne vous éloignez pas.

VOLNEY.

Je te confie tout.

SCENE V.
SIMON, M. DE MERFORT.

M. DE MERFORT, *durement.*

Où diable vous tenez-vous donc? voilà une heure que j'appelle.

SIMON.

J'ignorais que vous eussiez besoin de moi.

M. DE MERFORT, *en regardant le tableau.*

Qu'est-ce que cela?

SIMON.

C'est le tableau du peintre.

M. DE MERFORT.

Pourquoi donc l'a-t-il couvert?

SIMON.

Il a cru devoir prendre cette précaution, afin que personne n'y touchât.

M. DE MERFORT.

Il a bien fait. Voyons-le. (*Il va au tableau.*)

SIMON, *le retenant.*

Ah, monsieur! vous lui ôteriez le plaisir de vous le montrer.

M. DE MERFORT.

Je l'attendrai. Va-t-il venir? (*Il pose son chapeau sur un fauteuil.*)

SIMON.

A l'instant.

M. DE MERFORT.

Il est aimable ce jeune homme.

SIMON.

Avez-vous vu son fils?

M. DE MERFORT.

Oui: il m'a caressé avec beaucoup d'amitié.

SIMON.

Je gagerais que cela vous a fait plaisir.

M. DE MERFORT.

Mais....

SIMON.

Oui, oui, j'en suis sûr. — Il est si doux d'être aimé, caressé par un joli enfant! qu'il faudrait avoir le cœur bien dur pour n'en être pas attendri.

M. DE MERFORT.

Ils sont tendres quand ils sont petits, ingrats quand ils deviennent grands.

SIMON.

Hé bien, s'ils se repentent, on leur pardonne, et tout rentre dans l'ordre.

M. DE MERFORT, *avec force.*

On leur pardonne! (*Concentré.*) Ce n'est pas là mon dessein.

SIMON.

Quel est donc celui que vous avez formé?

M. DE MERFORT.

Il est terrible.

SIMON.

Puis-je le savoir?

M. DE MERFORT.

Je déshérite ma fille.

SIMON.

Qui vous a donné ce conseil?

M. DE MERFORT.

La vengeance et mon cœur.

SIMON.

La vengeance, je le crois; mais votre cœur, cela ne se peut pas.

M. DE MERFORT, *avec colère.*

Morbleu! ne me contrarie point.... J'ai bien assez de mes peines.

SIMON.

Il me semble que non, puisque vous voulez les augmenter.

M. DE MERFORT.

Simon!

SIMON.

Prenez-y garde; vous vous repentiriez demain de ce que vous auriez fait aujourd'hui.

M. DE MERFORT.

Mon parti est pris, et de ce pas je vais chez le notaire. (*Il fait quelques pas pour sortir.*)

SIMON.

Il ne dressera point cet acte fatal.

M. DE MERFORT, *se retournant.*

Pourquoi?

SIMON.

Parce que je m'y oppose.

M. DE MERFORT.

C'est plaisant.

SIMON.

C'est juste.

M. DE MERFORT.

Tu prends le ton...

SIMON.

De l'amitié.

M. DE MERFORT.

Dois-tu donc abuser de celle que j'ai pour toi?

SIMON.

Non; je m'en sers.

M. DE MERFORT.

Peut-elle te donner le droit de m'empêcher...

SIMON.

De faire une action indigne d'un père, et qui troublerait le repos de vos jours.

M. DE MERFORT.

Ma résolution est prise.

SIMON.

Il faut en changer.

M. DE MERFORT.

Jamais.

SIMON, *avec sentiment et fermeté.*

O mon maître! qu'allez-vous faire? Vous êtes outragé: mais la vengeance doit-elle entrer dans le cœur d'un père? votre fille est plus malheureuse que vous : elle est punie de son erreur; cela devait être. (*Avec ame et la plus grande sensibilité.*) Mais son enfant! un enfant intéressant, à qui elle apprend à vous chérir, à vous respecter, qui demande sans cesse à vous voir, à se jeter dans vos bras, à vous prodiguer ses innocentes caresses, et qui ferait le charme de vos vieux jours, sera donc la victime d'une faute qu'il n'a pas commise? Quand la douleur aura fait descendre sa mère dans la tombe, et que le désespoir aura terminé l'existence de son père, que deviendra-t-il? Une maison de charité sera donc l'asile de cet enfant du malheur? et vous le souffririez! vous seriez insensible à sa misère et à ses larmes! C'est impossible;

votre cœur ne se fermera point aux cris de l'innocence et de l'humanité. Pour votre bonheur, pour votre repos, renoncez à ce cruel projet; si la vengeance vous dit de l'exécuter, la nature vous le défend.

M. DE MERFORT, *avec une colère concentrée.*

Simon, c'en est assez. Il me paraît que vous êtes dans la confidence de ma fille, et que sans doute vous savez où elle peut être.

SIMON.

Oui, monsieur, je le sais.

M. DE MERFORT.

Hé bien, instruisez-moi; dites, où est-elle?

SIMON, *avec ame.*

Voulez-vous lui pardonner?

M. DE MERFORT, *avec force.*

Je veux la punir.

SIMON, *d'un ton sec et ferme.*

En ce cas je garde mon secret.

M. DE MERFORT.

Simon, je vous croyais mon ami, et vous n'êtes qu'un traître.

SIMON, *avec dignité.*

Simon est votre ami; mais il n'est point fait pour être un lâche délateur.

M. DE MERFORT.

Vous avez abusé de ma confiance pour me trahir.

SIMON.

Je vous ai mieux servi que vous ne le pensez.

M. DE MERFORT.

Sortez; je n'ai plus besoin de vos services.

(*Il va se jeter dans un fauteuil qui est auprès de la première coulisse à gauche de l'acteur.*)

SIMON, *étonné, après un petit tems.*

Vous me renvoyez?

M. DE MERFORT, *sans le regarder.*

Vous m'avez entendu; ne me faites pas répéter.

SIMON.

J'ai rempli le devoir d'un honnête homme, et vous m'en punissez !

M. DE MERFORT.

Retirez-vous.

SIMON, *avec attendrissement.*

Je sors. Je comptais finir mes jours ici... et je vais mourir loin de vous ! (*Il sort lentement.*)

M. DE MERFORT.

Écoutez... tenez, prenez cela : (*Il lui présente une bourse.*) je ne voudrais pas vous savoir malheureux.

SIMON, *d'un ton ferme.*

Je suis plus que payé ; je ne prendrai rien.

M. DE MERFORT.

Rien ?

SIMON, *affirmativement.*

Rien.

M. DE MERFORT, *avec force.*

Vous êtes un orgueilleux.

SIMON, *d'un ton pénétré.*

Je suis délicat. Adieu, monsieur : vous trouverez beaucoup de serviteurs, mais pas un ami.

SCENE IV.

M. DE MERFORT, *seul et se levant, avec dépit et attendrissement.*

Il s'en va ! Voilà l'amitié que ces gens-là ont pour nous ! Je ne m'attacherai plus à personne.

SCÈNE VII.

M. DE MERFORT, VOLNEY.

VOLNEY.

Monsieur, qu'est-il donc arrivé ? j'ai rencontré le pauvre Simon noyé dans ses larmes.

M. DE MERFORT.

Je viens de le chasser.

VOLNEY.

Vous renvoyez ce bon homme?... et pourquoi?

M. DE MERFORT.

Il était d'intelligence avec ma fille; il l'a dérobée à ma vengeance.

VOLNEY.

Il a cru bien faire.

M. DE MERFORT.

Il a osé me dire qu'il s'opposait au projet que j'ai de la déshériter.

VOLNEY, *vivement*.

Vous voulez la déshériter?... (*Réticence.*) Si elle vous aime, la perte de votre tendresse la punira plus que celle de vos biens.

M. DE MERFORT.

Je n'en demeurerai pas là. Je me suis consulté : son mariage est illégal; je le romprai, et je poursuivrai Waldémar devant tous les tribunaux.

VOLNEY.

Vous le réduirez au désespoir.

M. DE MERFORT.

A-t-il craint de faire le mien? Je suis décidé: je vendrai mes possessions, et j'irai finir ma carrière au-delà des mers. D'après ce calcul, je ne ferai rien faire ici, et je n'ai plus besoin de vos talens.

VOLNEY.

Qu'entends-je!

M. DE MERFORT.

Vous n'y perdrez pas; je vous achète votre tableau, et je vous le paierai plus que sa valeur : vous n'aurez point à vous plaindre de votre voyage.

VOLNEY.

Vous me l'avez promis.

SCENE VIII.

LES PRÉCÉDENS, Mlle. BERTHE.

Mlle. BERTHE, *avec des lettres à la main.*

Monsieur, voici vos lettres.

M. DE MERFORT.

Donnez.

Mlle. BERTHE.

Monsieur...

M. DE MERFORT.

Quoi ?

Mlle. BERTHE.

On dit que vous avez renvoyé le vieux Simon.

M. DE MERFORT, *regardant une adresse.*

Je sais ce que renferme ce paquet; je l'ouvrirai dans un autre moment. (*A mademoiselle Berthe.*) Qu'est-ce que cela vous fait ?

Mlle. BERTHE.

Beaucoup, monsieur.

M. DE MERFORT. (*Il ouvre un autre paquet.*)

Bon, voilà mes effets rentrés. (*A mademoiselle Berthe.*) Pourquoi ? (*Il lit.*)

Mlle. BERTHE.

Parce qu'il était plus maître ici que vous, qu'il nous tyrannisait tous, et qu'il n'était plus possible de vivre avec ce maudit vieillard.

M. DE MERFORT, *durement.*

Faites votre devoir aussi bien qu'il a rempli le sien. — Amsterdam ! (*Il ouvre.*)

Mlle. BERTHE, *bas, à M. de Merfort.*

Vous ignorez sans doute qu'il y a une femme cachée dans l'appartement du peintre, et que c'est par l'ordre de Simon ?

M. DE MERFORT.

(*A Volney.*) Votre épouse est arrivée ?

VOLNEY.

Oui, monsieur.

Mlle. BERTHE, *vivement et à part.*

Il le savait!

M. DE MERFORT.

(*A Volney.*) Vous ne me l'avez point présentée. (*Il lit.*)

VOLNEY.

Je n'ai pas encore trouvé le moment favorable.

Mlle. BERTHE, *à part.*

Qu'est-ce que cela veut dire?

M. DE MERFORT.

(*Il lit.*) Bordeaux. — Ce n'est pas ce que j'attends : ma surprise sera grande si cela tourne à bien. (*A Volney.*) Est-elle fatiguée? (*Il décachète.*)

VOLNEY.

Elle est très-faible, et craint de se montrer.

Mlle. BERTHE, *à part, très-vîte.*

Il ment; elle se porte bien.

M. DE MERFORT.

Quand la verrai-je?

VOLNEY.

Elle se prépare à vous rendre sa visite.

M. DE MERFORT, *lisant.*

Boston. (*A Volney.*) Elle me fera plaisir.

Mlle. BERTHE, *à part.*

Voyons tout ce que ceci deviendra.

M. DE MERFORT *témoigne la plus grande surprise.*

Paris! — Quelle est cette écriture? Je ne me trompe point; c'est celle de ma fille.

VOLNEY, *à part.*

Je tremble!

Mlle. BERTHE, *à part, vivement.*

Je soupçonne....

M. DE MERFORT, *à mademoiselle Berthe.*

Que faites-vous ici? Retirez-vous, et à l'avenir ne vous mêlez que de ce qui vous regarde.

Mlle. BERTHE.

Oui, monsieur. (*En s'en allant.*) Écoutons.

SCENE IX.
M. DE MERFORT, VOLNEY.
M. DE MERFORT.
La perfide! elle ose m'écrire! que me veut-elle? que peut-elle attendre de moi?
VOLNEY.
Son pardon peut-être.
M. DE MERFORT.
Je ne lirai pas.
VOLNEY.
N'écoutez point le premier mouvement de votre colère; lisez, monsieur; lisez, je vous en conjure pour elle.
M. DE MERFORT.
Hé bien oui. Voyons ce qu'elle va dire pour se justifier. *(Il décachète.)* Tenez, lisez; mes yeux ne pourraient se fixer sur ces caractères.
VOLNEY, *à part.*
O moment terrible! *(Il lit.)*
« Mon père, je ne sais si j'ai encore le droit de vous don-
« ner ce nom.
M. DE MERFORT.
Elle l'a perdu pour la vie.
VOLNEY.
« Ce n'est qu'en tremblant que j'ose entreprendre de vous
« demander ma grâce : l'amour m'éloigna d'auprès de vous;
« le sentiment m'y ramène.
M. DE MERFORT.
Ou la nécessité peut-être.
VOLNEY.
Attendez, et voyez avant de la juger. *(Il lit.)* « Je sens
« combien vous devez être irrité; mais vous avez été bien
« vengé par les remords que j'ai éprouvés, et par ceux que
« je ressens encore.
M. DE MERFORT.
Langage ordinaire.
VOLNEY.
Non; chaque ligne vous peint son repentir. *(Il lit.)* « Vic-
« time de mon imprudence, le malheur m'a poursuivie, et

« souvent j'aurais excité votre pitié si vous eussiez pu voir
« tout ce que j'ai souffert.

M. DE MERFORT.

Et moi!

VOLNEY.

« Les adversités, la détresse la plus affreuse m'ont acca-
« blée sans cesse, et sans votre fidèle Simon, qui pour
« me secourir a vendu la petite métairie que vous lui
« aviez donnée, la plus affreuse indigence aurait terminé
« mes jours.

M. DE MERFORT, *vivement.*

Simon a fait cette action!

VOLNEY, *avec force.*

Et vous l'avez chassé!

M. DE MERFORT, *avec la plus grande sensibilité.*

Le malheureux! que lui reste-t-il?

VOLNEY, *après un silence.*

« Je suis mère : les lois et la religion m'ont donné ce titre ;
« mon père, daignez l'approuver.

M. DE MERFORT.

Non, jamais, jamais.

VOLNEY.

Vous la ferez mourir de douleur.

M. DE MERFORT, *portant une main sur son front.*

Ah!... achevez donc.

VOLNEY.

« Mon époux a pour vous les sentimens d'un fils...!

M. DE MERFORT, *avec indignation.*

Son époux!

VOLNEY, *avec sentiment.*

Cela se peut, monsieur, et j'en suis persuadé.

M. DE MERFORT, *avec colère.*

Vous le défendez!

VOLNEY, *doucement.*

Non ; je cherche à vous attendrir.

M. DE MERFORT.

Vous n'y parviendrez point.

VOLNEY, (*Il lit.*)

« Et les torts que j'ai envers vous: il les eut envers sa mère;
« elle vient de lui pardonner.

M. DE MERFORT.

Quelle faiblesse !

VOLNEY, (*Il lit.*)

« Elle l'avait privé de sa fortune; elle va la lui rendre:
« et pour être heureux il ne nous manque plus que votre
« pardon. Mon fils et mon époux l'implorent avec moi, et
« nous n'attendons que votre réponse pour tomber à vos
« pieds
« Adieu, mon père: prononcez l'arrêt de votre tendre et
« repentante CLÉMENCE. »

M. DE MERFORT, *en pleurant, et entraîné malgré lui.*

Malheureuse ! qu'as-tu fait ?

VOLNEY.

Vous pleurez !

M. DE MERFORT.

Oui... mais.... c'est fini : ne m'en parlez plus.

VOLNEY.

Ainsi vous ne voulez pas la revoir ?

M. DE MERFORT.

Non, non.

VOLNEY, *avec attendrissement.*

Votre cœur n'est pourtant point insensible; j'ai vu couler larmes.

M. DE MERFORT.

Vous en versez vous-même.

VOLNEY, *avec la plus grande énergie.*

Eh ! qui n'en répandrait en voyant Clémence, son époux, et le fruit de leur union, écrasés sous le poids de votre sévérité ? Vous leur fermez votre cœur.... (*Avec le cri de l'ame, et s'adressant au public.*) mais interrogez les hommes sensibles; ils intercéderont tous pour ces infortunés.

M. DE MERFORT.

S'ils intercèdent pour Clémence, justifieront-ils son ravisseur?

VOLNEY, *noblement.*

Il l'a épousée.

M. DE MERFORT.

Finissons. Je vais chez mon notaire, et demain tout sera terminé. — Ensuite je ne ferai pas un long séjour en France.

VOLNEY, *l'arrêtant.*

Monsieur, avant d'aller chez votre notaire, voulez-vous voir mon tableau?

M. DE MERFORT.

Je suis si agité!...

VOLNEY.

Sa vue pourra vous distraire.

M. DE MERFORT.

J'y consens; voyons-le.

VOLNEY.

Avant de le découvrir, je réclame votre indulgence.

M. DE MERFORT.

En avez-vous besoin?

VOLNEY.

Oh! grand besoin! — Si le sujet ne vous plaît pas, je suis perdu.

M. DE MERFORT.

Il me paraît que vous comptez beaucoup sur ce tableau.

VOLNEY.

C'est ma dernière ressource.

M. DE MERFORT, *en lui prenant la main.*

Allez: vous êtes malheureux, je ne verrai pas ses défauts. Découvrez-le.

VOLNEY *va au tableau, et arrache le voile.*

J'obéis.... Regardez.

M. DE MERFORT, *avec un grand cri.*

Que vois-je ? ma fille ! — Ah ! grand Dieu !

VOLNEY, *avec explosion.*

Vous l'avez reconnue !

M. DE MERFORT.

Et cet enfant ! cet enfant !....

VOLNEY.

C'est le vôtre.

M. DE MERFORT.

C'est lui que j'ai vu tantôt....

VOLNEY.

Daignez lire ce qu'il vous présente : « *Bon père, pardonnez à vos enfans.* »

M. DE MERFORT, *avec fureur.*

C'en est trop : répondez, et positivement : qui vous a fait faire ce tableau ?

VOLNEY.

Votre fille.

M. DE MERFORT.

Et son séducteur où est-il ?

VOLNEY.

A vos pieds. (*Il tombe à genoux.*)

M. DE MERFORT, *en tirant son épée.*

Traître ! redoute ma vengeance : ta mort est assurée si tu ne me rends mon enfant.

VOLNEY, *présentant sa poitrine.*

Frappez, et pardonnez-lui.

SCENE X.

LES PRÉCÉDENS, Mlle. BERTHE et SIMON, *entrant en courant.*

Mlle. BERTHE.

Quels cris !

SIMON, *retenant M. de Merfort par le bras.*

Monsieur, qu'allez-vous faire ?

M. DE MERFORT.

Réponds ; où est-elle ?

VOLNEY, *sans se relever, tire la cheville du tableau : la toile s'enlève, et l'on voit la mère et son fils dans la même attitude où ils sont peints.*

La voilà.

M. DE MERFORT.

Ciel ! (*Il reste stupéfait.*)

(*Grand silence. — Simon tient le bras de M. de Merfort. Volney est à genoux, et montre le tableau avec sa main. Mademoiselle Berthe est dans l'admiration. Ceci bien exécuté doit former un double tableau.*)

(*M. de Merfort lève les yeux sur le tableau, laisse tomber son épée, se cache la tête dans la poitrine de Simon, qui le conduit à un fauteuil que mademoiselle Berthe avance à trois pieds de distance de la première coulisse, à gauche de l'acteur : elle reste derrière M. de Merfort, Simon va s'appuyer sur le dos du fauteuil, et observe tout avec intérêt.*)

VOLNEY, *avec la plus grande force.*

Sa main est désarmée ; il faut attendrir son cœur. Venez.

(*Il va au tableau, prend son enfant dans ses bras, présente la main à sa femme, qui descend, et va se jeter aux pieds de son père. Volney se met à genoux, en tenant Urbain élevé dans ses bras, et le présentant à M. de Merfort.*)

CLÉMENCE.

Mon père, je mouille vos pieds de mes larmes.

M. DE MERFORT, *avec force.*

Téméraire ! vous osez....

CLÉMENCE, *en prenant son enfant.*

Voilà mon fils que je vous présente ; il vous demande la grâce de sa mère.

M. DE MERFORT.

Laissez-moi.

CLÉMENCE.

Si vous m'abandonnez, au moins ne le méconnaissez pas, et recevez-le dans votre sein.

URBAIN, *lentement et attendri.*

Mon papa, voulez-vous m'embrasser comme vous m'embrassiez tantôt ?

M. DE MERFORT.

Ils me feront mourir !

SIMON, *appuyé sur le fauteuil où est M. de Merfort.*

Embrassez-le donc, et pardonnez.

M. DE MERFORT, *fort à Simon.*

Tais-toi. (*En prenant Urbain dans ses bras.*) Viens, mon enfant.

CLÉMENCE, *lui tendant les bras.*

Votre enfant.... Et moi, mon père ?

M. DE MERFORT, *la relevant, et se levant lui-même.*

Eh !.... pourquoi n'es-tu pas venue plutôt ? (*Elle l'embrasse.*)

CLÉMENCE.

Ah !.... mon repentir.....

M. DE MERFORT, *vivement.*

Ne me rappelle rien.

CLÉMENCE, *lui montrant Volney qui est resté à genoux.*

Mon époux est encore à vos pieds.

M. DE MERFORT à *Volney*, *en lui tendant les bras:*

Eh ! venez donc, vous.

VOLNEY *court se jetter dans ses bras.*

Mon père ! (*M. de Merfort le presse contre son sein.*)

SIMON, *au comble de la joie.*

Voilà qui est bien !

VOLNEY, *à M. de Merfort.*

Croyez que nous avons plus souffert......

M. DE MERFORT, *l'interrompant.*

Paix, morbleu ! paix ! — La plaie est fermée ; ne la r'ouvrez pas.

SIMON *s'approche, salue, et tire des papiers de sa poche.*

(*A part.*) A mon tour. (*Haut.*) Monsieur.

M. DE MERFORT.

Quoi ?

SIMON, *lui présentant les papiers.*

Voilà vos comptes.

M. DE MERFORT.

On s'en va donc ?

SIMON.

Vous êtes heureux, vous n'avez plus besoin de moi.

M. DE MERFORT.

Où va monsieur ? A sa métairie sans doute ?

SIMON.

Mais....

M. DE MERFORT.

Je sais de vos tours.... Hé bien non, je n'ai plus besoin de vos services.... mais j'ai besoin de mon ami, et tu resteras. Ta main.

SIMON, *lui baisant la main.*

Mon cher maître !

M. DE MERFORT.

C'est la dernière fois que ce nom sortira de ta bouche ; souviens-t'en, et mille écus de pension....

SIMON.

Que dites-vous ? Ah !

M. DE MERFORT.

Il faut bien que je paie les dettes de ma fille.

CLÉMENCE.

Et je me charge des intérêts.

M. DE MERFORT, *gaîment.*

C'est cela.

Mlle. BERTHE, *bas à Clémence.*

Madame, j'ai eu bien tort.....

CLÉMENCE, *bas, sans la regarder.*

Je ne m'en souviens pas.

SIMON, *finement, à monsieur de Merfort.*

Le notaire est là ; il attend votre signature.

M. DE MERFORT, *lui donnant des petits soufflets.*

Ah ! vieux malin ! Oui, je vais signer... sur le contrat de mariage de mes enfans.

(Clémence et Volney baisent la main de monsieur de Merfort.)

SIMON, *avec force et au comble de l'enthousiasme.*

J'ai réussi !

M. DE MERFORT.

Je vous ai pardonné ; mais j'exige que vous restiez avec moi.

CLÉMENCE.

Oh oui ! toujours ! Nous avons été trop punis d'être séparés de vous ! Notre faute avait accumulé sur nous tous les malheurs : le ciel s'était chargé de votre vengeance. Puisse notre exemple prouver aux enfans qu'ils ne doivent jamais oublier leur devoir, qu'il n'est de bonheur que dans l'estime de soi-même, et combien il est dangereux d'offenser un bon père !

CONSTRUCTION DU TABLEAU.

Un cadre de sept pieds de hauteur sur six de large, la bordure de sept pouces de largeur, le fond noir d'ivoire, et les moulures dorées.

La toile du tableau est montée sur un store, (1) fortement attachée en haut et derrière le cadre. Au milieu de la traverse d'en bas on fera un trou pour recevoir une cheville de fer de six pouces de longueur, avec une boucle à la tête, laquelle cheville entrera dans un anneau attaché à une tringle de fer qui sera cousue au bas du tableau, afin de le bien faire tendre. Quand Waldémar dira: la voilà, il tirera la cheville, et la toile s'enlèvera avec rapidité.

Le tableau doit être posé solidement sur trois gradins, sur lesquels il y aura un parquet de trois pieds de large, pour y placer la mère et l'enfant, qui auront soin de se mettre dans les mêmes attitudes où ils sont peints, sans oublier même la légende que le fils de Clémence tient dans sa main.

Le tableau sera placé obliquement attenant à la première coulisse à droite de l'acteur.(2) On fera peindre un double fond et un jour semblables à ceux du tableau, pour que l'illusion soit complète, que les personnages soient enfermés dans le cadre sans être vus, et que le public n'aperçoive pas les coulisses, ce qui ferait un mauvais effet.

Le tapis de serge verte qui couvre entièrement le tableau sera attaché légèrement sur le dessus du cadre avec des petites broquettes très-fines, pour que Waldémar puisse l'arracher facilement et sans la moindre résistance.

Le peintre imitera parfaitement les ressemblances de Clémence et de son enfant : il faudra que la peinture soit soignée, parce qu'on l'annonce au spectateur dans le courant de la pièce. Les attitudes sont dessinées dans l'esquisse ci-jointe : le peintre observera exactement les costumes des acteurs.

Il faut que le tableau soit peint à la détrempe, et non à l'huile.

---

(1) Tel que ceux que l'on voit aux portières des carrosses, sans rien omettre, même les fils de côté passés dans les boucles, pour empêcher la toile de dévier.

(2) Pour que l'illusion soit complette, il vaut mieux placer le tableau à la seconde coulisse.

www.ingramcontent.com/pod-product-compliance
Lightning Source LLC
LaVergne TN
LVHW051506090426
835512LV00010B/2374